SALON DE 1851.

ÉTUDES ARCHÉOLOGIQUES.

Abbaye de Maubuisson.

HÉRARD,
Architecte.

PARIS.
IMPRIMERIE BAILLY, DIVRY ET Ce,
PLACE SORBONNE, 2.

1851

Salon de 1851.

ÉTUDES ARCHÉOLOGIQUES.

ABBAYE DE MAUBUISSON.

De toutes les grandes choses réalisées par nos aïeux, dans cette période de leur existence qu'on appelle le moyen âge, nous n'en connaissons pas de plus dignes de sympathies et de respects, que les monuments nombreux qu'ils ont bâtis et sculptés sous l'inspiration d'une foi vive aux doctrines religieuses et sociales sous lesquelles ils ont vécu.

Lorsqu'il y a quelques années, nous visitâmes pour la première fois les ruines de Maubuisson, nous ignorions l'existence de plusieurs des documents qui y sont relatifs. Aujourd'hui, par les recherches que nous avons faites et

1851

que résume le travail admis au Salon, on voit sous le n° 3672 le plan général de ce monastère, tel qu'il existait encore en 1792, et on peut apprécier l'importance de ce monument et les dévastations qu'il a subies.

L'abbé Lebeuf, dans son savant ouvrage sur l'histoire du diocèse de Paris, donne de précieux renseignements sur l'abbaye de Maubuisson.

Ce fut en 1236 que la reine Blanche de Castille fit jeter les fondations de l'abbaye destinée à des religieuses de l'ordre de Cîteaux *qui devaient prier pour le père de la fondatrice, Alphonse, roi de Castille; sa mère, Aliénor, et feu le roi Louis VIII, son mari.*

Les archives du département de Seine-et-Oise, à Versailles, possèdent un inventaire des titres et chartes de cette abbaye. Nous en avons extrait le passage suivant, relatif à la fondation :

« La première semaine d'après la Pentecôte 1236, Blanche de
« Castille, Reine de France et mère du Roy St. Louis, fit poser
« les fondations de l'abbaye de Notre-Dame-la-Royale, dite de
« Maubuisson, au village et terroir d'Aulnay de la paroisse de
« Saint-Ouen. Et depuis, elle a acquis et donné différents biens
« tenants et proches cette abbaye qui composent la terre et sei-
« gneurerie de Maubuisson, en laquelle les dites Dames ont
« haute justice qualifiée de bailliage, le tout bien et dûment
« amorti, mouvant et relevant du Roy, laquelle justice s'exerce
« par un bailli, un procureur fiscal, un greffier, un notaire et
« un sergent, pour l'exercice de laquelle justice il y a, en la
« cour basse, auditoire et prison. »

La mère du saint roi voulut donner à l'abbaye le nom de *Notre-Dame-la-Royale*, la reine du ciel devant en être la patronne principale; mais le nom de Maubuisson, qui était celui d'un fief voisin, a prévalu.

Pour accroître la fondation, Blanche acquit, en 1237, le fief d'Aulnay, de Hugues Tirel, chevalier, seigneur de Poix; les lieux réguliers, le réfectoire et le dortoir étaient achevés en 1241. L'église fut dédiée, le 26 juin 1244, par Guillaume d'Auvergne, évêque de Paris.

Nous extrayons encore à ce sujet, de l'inventaire déjà cité, la charte suivante :

12 mars 1241.

« Charte de la Reine Blanche par laquelle elle déclare avoir
« du consentement de saint Louis son fils, fondé, fait bâtir et
« ériger de ses propres biens l'abbaye de Maubuisson dans un
« village qui s'appelait ci-devant Aulnay, qu'elle veut qu'on
« nomme à l'avenir *Notre-Dame-la-Royale* parce qu'elle est fon-
« dée au nom et à l'honneur de la Reine du ciel, et avoir donné
« et concédé à perpétuité à la dite abbaye le lieu avec le fond où
« sont situés le monastère, le dortoir, le réfectoire, le cellier et
« tous et un chacun des édifices contenus dans l'enclos des murs;
« voulant que la dite abbaye et les dames religieuses du monas-
« tère possèdent à perpétuité, librement et paisiblement, selon
« les constitutions régulières de l'ordre de Citeaux, les dits biens
« et un chacun d'iceux, par forme de pure aumône; espérant la
« dite Fondatrice que Dieu lui fera la grâce de donner d'autres
« biens à l'abbaye pour servir à toutes les nécessités de la vie. »

L'église était d'une vaste étendue, *grand gothique com-*

man, dit l'abbé Lebeuf. Le chœur, *des plus grands et des plus beaux*, avait pour pavé une curieuse marqueterie en mastic imitant le marbre. Le sanctuaire était éclairé par deux rangs de vitrage superposés et ceints de galeries de *moyen-gothique*. Des chapelles considérables et remarquables faisaient partie de l'église, entre autres celle de Saint-Michel et celle de Saint-Jean, fondée en 1323.

L'église, ainsi que le cloître et la salle du chapitre, renfermaient un grand nombre de tombeaux importants, parmi lesquels on voyait :

— Le tombeau de cuivre, élevé et surmonté d'une statue couchée de Blanche, recouvrant la sépulture de la fondatrice.

— La tombe gravée, entourée d'une épitaphe représentant armé de toutes pièces, le comte de Clérembaud, seigneur de Vandeil, mort en 1217 et inhumé à Maubuisson, avant la reine Blanche fondatrice (1).

— Le tombeau de Jean de Brienne, comte d'Acre, fils de Jean de Brienne, roi de Jérusalem, et de Bérengère de Castille, cousin germain de saint Louis, mort en 1296.

— Blanche de Brienne, seconde abbesse, petite nièce de Blanche de Castille, fille d'Alphonse d'Acre, chambrier du roi, et de Marie de Lusignan, comtesse d'Eu. Elle fonda en 1302 les chapelles de la Trinité et de Saint-Louis, et mourut vers 1309. Elle fut inhumée près de la sacristie.

— La tombe en marbre noir de Catherine de Courthenay,

---

(1) Nous avons trouvé, dans une des îles de l'Oise, plusieurs fragments considérables de pierres tombales provenant de l'abbaye de Maubuisson, entre autres, celle du comte de Clérembaud.

comtesse de Valois, impératrice de Constantinople, femme de Charles de Valois, petit-fils de saint Louis, morte en 1307 (1).

— Le petit tombeau de marbre noir, recouvert également d'une effigie de marbre blanc, de Jeanne, fille de Charles IV, morte en 1320.

— La tombe de cuivre de Matilde, comtesse d'Artois, inhumée le 26 novembre 1329.

— Le tombeau de pierre élevé et couvert de plaques de cuivre, de Marguerite de Brienne-Beaumont, princesse d'Antioche, femme de Bohémond, prince d'Antioche, morte le 9 avril 1328. Cette princesse était petite-nièce de la reine Blanche, et cousine germaine de Blanche d'Eu, seconde abbesse de Maubuisson.

— Les deux mausolées en marbre noir, avec effigie de marbre blanc, renfermant les entrailles de Bonne de Luxembourg, femme du roi Jean-le-Bon, morte à Maubuisson en 1349, et les entrailles de son fils, Charles V, mort en 1380 (2).

— Les tombeaux en marbre noir, surmontés de deux effigies en marbre blanc, contenant les entrailles de Charles IV, dit le Bel, mort en 1329, et de sa femme la reine Jeanne d'Évreux, morte en 1370 (3).

(1) Cette statue est maintenant dans la crypte de l'église de Saint-Denis. Pendant longtemps, on a cru qu'elle représentait la reine Blanche.

(2) On voit dans la crypte de Saint-Denis, encastré dans le tombeau de Philippe-le-Hardy, une tête de reine couronnée, à laquelle on a donné le nom de Marie-de-Brabant, première femme de ce prince. Si ce fragment vient de Maubuisson, comme on le dit, il ne peut représenter que Bonne de Luxembourg, et non Marie de Brabant.

(3) Le couvent des Dames Carmélites possède les deux effigies de Charles IV et de Jeanne d'Évreux, qu'on voit, ainsi qu'une statuette d'ange tenant des burettes, dans la chapelle récemment bâtie rue de Vaugirard, n° 89, à Paris.

L'église du monastère des Dominicains (anciennement des Carmes,

La royale Abbaye renfermait encore les sépultures des personnages illustres dont les noms suivent :

— La première abbesse Guillemette, qui était une simple religieuse de Saint-Antoine de Paris, morte en 1275. Elle fut inhumée au Chapitre, devant le siége abbatial, sous une tombe de pierre, gravée d'une épitaphe en vers latins.

— Robert II, comte d'Artois, neveu de Louis VIII, tué le 11 juillet 1302, à la bataille de Courtray. Le corps de ce prince fut rapporté à Maubuisson en 1304.

— Blanche de Bourgogne, première femme du roi Charles IV, qui se retira à l'abbaye de Maubuisson après son divorce, y prit le voile et y mourut en 1326. Elle fut inhumée dans la salle du Chapitre

— Isabelle de Montmorency, troisième abbesse, morte en 1340, fut inhumée dans la partie inférieure du chœur, sous un arceau.

— Catherine de France, fille de Charles V, morte au mois d'octobre 1388, âgée de onze ans. Elle était déjà mariée à Jean, comte de Montpensier, qui fut aussi inhumé à Maubuisson.

— Jeanne de France, fille de Charles VI, morte âgée de deux ans.

possède également un bas-relief en marbre du XIVe siècle, représentant la Cène. Ce bas-relief décore le maître-autel. Ces diverses sculptures proviennent de l'abbaye de Maubuisson, et furent achetées à Pontoise, par madame de Soyecourt, supérieure des Carmélites, dans les premières années de la Restauration.

L'église de Saint-Ouen-l'Aumône, près de Pontoise, possède une Vierge en bois, donnée par la reine Blanche à l'abbaye de Maubuisson. Cette statue s'ouvre en deux parties et renfermait de précieuses reliques. Enfin, la crosse abbatiale de Maubuisson est conservée à la bibliothèque de la ville de Versailles.

— Les corps de la belle Gabrielle d'Estrées et de l'enfant dont elle était mère furent apportés et inhumés à Maubuisson en 1599 (1).

On voit, par ce qui précède, combien étaient illustres les personnages inhumés dans l'église et autres lieux réguliers de Notre-Dame-la-Royale (2).

M. l'abbé Trou, dans ses recherches archéologiques sur Pontoise, a relaté avec soin la contenance de l'enclos de l'abbaye, les dimensions des chapelles, de l'église, du cloître, etc. Cet auteur fait également connaître les événements dont l'abbaye de Maubuisson a été le théâtre depuis sa fondation, en 1236, époque à laquelle elle était gouvernée par la religieuse Guillemette, jusqu'à l'époque où la riche abbaye était dirigée par Mme de Bénac, qui en fut la dernière abbesse, et qui avait été installée en 176..

Peu d'années après, l'abbaye royale de Maubuisson disparut avec la fin du xviiie siècle, qui emporta toutes les institutions civiles, militaires et religieuses qui avaient, pendant une si longue période, fait de la France, cette

---

(1) La bibliothèque de la ville de Laon possède une statue en demi-relief, représentant Gabrielle, et provenant de son tombeau à Maubuisson.

(2) C'est à M. le baron de Guilhermy que nous devons la plupart des détails historiques qui précèdent. Que cet archéologue distingué nous permette de lui exprimer toute notre reconnaissance pour les notes qu'il a bien voulu nous communiquer.

fille aînée de l'Église sous ses rois très-chrétiens, le pays le plus puissant et le plus civilisé.

Il n'est pas de notre sujet d'entrer dans de plus longs développements historiques sur la célèbre abbaye. Nous prions le lecteur, curieux de les connaître, de consulter la *Gallia christiana*, l'ouvrage de l'abbé Lebeuf, les *Recherches sur Pontoise*, de M. l'abbé Trou. Poursuivant notre but, celui de faire connaître ce que le temps et les hommes ont détruit, ce qu'ils ont respecté dans cet illustre monastère, nous reproduirons d'abord la curieuse légende transcrite sur le plan général, n° 3672. Elle donne une idée exacte du nombre des bâtiments et de leur économie dans la vie monastique.

On y trouvait :

L'Église,
Le bâtiment occupé par la Sacristie, la salle du Chapitre, la salle des Archives et le dortoir des Novices,
Le logis Abbatial,
Le bâtiment des Parloirs et du logis des Tourières,
Le Réfectoire,
Le Cloître et son préau,
Le Noviciat avec son parterre,
Le logement du Directeur,
L'Infirmerie avec son jardin,
Le Commun,
Le bâtiment des Latrines,

L'Apothicairerie,
La Cuisine grasse et le Garde-manger,
Le bâtiment Saint-Charles, dit des Hôtes,
Le grand Lavoir,
Le Moulin,
Le grand bâtiment où sont les fours, les écuries,
La Laiterie,
La maison de la sœur Portière,
La bâtiment de la basse-cour avec toit à porcs et poulailler,
Le Colombier,
Les Remises,
Le Bûcher,
Le Portier.

Il y avait encore :

Le jardin de Saint-Nicolas,
Le jardin de Condé,
Le jardin de l'Apothicairerie,
La Pépinière,
La Melonnière,
Le Potager,
Enfin le Cimetière.

Dans l'enclos, on voyait aussi les chapelles de Saint-Benoît, de Saint-Nicolas, et le manoir de Saint-Louis avec son jardin.

Cette légende, extraite d'un inventaire fait en 1792,

nous montre combien toutes *les nécessités de la vie*, ainsi que le voulait la reine Blanche, étaient convenablement satisfaites dans l'abbaye de *Notre-Dame-la-Royale*.

De toutes ces constructions, dont plusieurs devaient être d'une grande beauté, entre autres le manoir de saint Louis, il ne reste des bâtiments claustraux, que *la Sacristie, la salle du Chapitre, celle des Archives, le Dortoir des Novices et le bâtiment des latrines*. Ces ruines forment un ensemble extrêmement remarquable, soit par l'importance des constructions, soit par les détails d'architecture.

Parmi ces salles, nous citerons celle du Chapitre, magnifique reste de l'art au xiiie siècle. Elle est divisée en trois travées par deux colonnes monostyles, avec base et chapiteaux d'une grande perfection; les nervures retombent dans les angles et près des murs, sur des consoles à pans.

La salle des Archives n'a qu'une seule colonne au centre, et est de même architecture que la précédente, mais d'un caractère plus sévère.

Le dortoir des Novices, la plus grande de toutes les salles existantes, est divisée en quatre travées par trois colonnes, avec nervures et consoles semblables à celles de la salle des Archives; à la suite, sont deux autres salles beaucoup plus petites que les précédentes, et dont l'une était à l'usage de latrines pour le rez-de-chaussée. On y voit, dans les murailles, les niches où ont dû être placés les cabinets et les siéges.

Sur la façade extérieure, à l'ouest, on voit encore les

consoles en pierre qui portaient le comble du cloître; plus loin existent des traces de voûtes supportant un escalier qui conduisait au premier étage, où était le dortoir des religieuses. Sur la façade extérieure, à l'est, il y a des contre-forts, entre lesquels sont des croisées, dont les unes en ogive, et les autres en plein cintre. Ces croisées éclairent les salles dont il vient d'être parlé.

Au premier étage, contigu au transept de l'église, sont deux salles voûtées en ogive; l'une d'elles nous semble avoir été une tribune, de laquelle on assistait aux offices. A la suite existait le dortoir des religieuses, maintenant démoli.

A l'extrémité septentrionale, et en retour d'équerre vers l'est, se trouvent les ruines du bâtiment des latrines communes aux religieuses.

Voici quelle en est la disposition:

Un petit cours d'eau, sur lequel était l'ancien moulin, traverse en cet endroit, de l'est à l'ouest, l'enclos de l'Abbaye; on l'a encaissé entre deux longues murailles construites en belles pierres, qui, du niveau du ruisseau, jusqu'au sol du dortoir, ont treize mètres de hauteur; à leur sommet, ces deux murs parallèles sont réunis par vingt petites arcades transversales en ogive, qui laissent entre elles un vide où étaient établis les siéges. Les matières tombaient dans le cours d'eau qui les entraînait dans l'Oise.

Cette partie des ruines de Maubuisson est certainement l'une des plus curieuses.

Il reste peu de chose de l'église. Quelques rares débris de piliers à fleur de terre; au midi, un pan de muraille du chevet engagé dans le bâtiment qui était autrefois le logement du directeur. Toutes ces constructions sont indiquées par les dessins portant les numéros 3672, 3673 et 3674. Elles servent aujourd'hui de remise, de bûcher, d'étable et de laiterie.

Au midi et un peu en dehors du monastère, on voit les caves de l'édifice qui portait le nom de Manoir de Saint-Louis. Un large escalier descend dans ces caves; elles ont deux travées en largeur et trois en longueur. Dans l'un des angles existe un escalier qui conduit à d'anciennes carrières de pierre à bâtir. Ces constructions du xiiie siècle sont d'un effet très-pittoresque.

A quelques pas du Manoir de Saint-Louis et dans le périmètre des bâtiments claustraux aujourd'hui démolis, il existe encore un escalier qui donne accès dans une chapelle souterraine bâtie et voûtée avec nervures en ogive.

A la suite est une galerie creusée dans la masse calcaire et soutenue çà et là par des arcs en ogive. La lumière qui arrive par la cheminée placée à l'entrée de la galerie éclaire à peine ces souterrains. Ils ont servi de sépultures aux religieuses et produisent sur le visiteur une profonde impression. Les ruines de Maubuisson, dont il vient d'être parlé, sont dessinées sous le numéro 3675.

Parmi les monuments existant encore dans les salles dont la description précède, se trouve une pierre tombale représentant un prêtre vêtu de ses habits sacerdotaux;

au pourtour on lit ce qui reste d'une inscription mutilée :

> Cy gist vénérable et discrète personne
> maistre Jehan Amelinne...... M es ars en
> son vivant chapelain...... Mil V^c quarante-
> neuf. Priez Dieu pour lui !

On y voit aussi une pierre brisée sur laquelle on lit les parties suivantes d'une épitaphe :

> .... puissante dame Anne Thérèze ....
> veuve de ...... seigneur de ...... Broglie ......
> comte de Revel .... armées du .... au
> château de .... 1758.

Le parc de cette abbaye se dirige du midi au nord ; il est clos par une haute et ancienne muraille qui, de ce côté, se termine carrément ; là, s'élèvent à ses angles deux tourelles dont la construction nous semble être du XIVe siècle.

Au midi, une route sépare un grand terrain qu'on appelle le clos du Roi du parc de l'Abbaye. Au XVIIe siècle, on jeta sur la route un pont d'une seule arche portant une galerie couverte par laquelle les religieuses passaient sans être vues des jardins de l'Abbaye dans le clos du Roi.

La ferme de Maubuisson touchait au monastère. Quelques bâtiments subsistent encore. Parmi les bâtiments démolis, il y a peu d'années, se trouvait le colombier ;

un disque de plomb, portant l'inscription suivante, fut trouvé dans les fondations :

>PIERRE POZÉE
>PAR MADAME
>CHARLOTTE COLBERT
>DE CROISSI, ABBESS
>DE MAVBVISSON
>CE 21 AOVST
>1739.

Le seul bâtiment du xiiie siècle qu'on y ait conservé, est une vaste et belle grange, pouvant contenir cent mille gerbes. Deux files de colonnes la partagent en trois nefs : une principale et deux collatérales ; la nef de l'est a été démolie. A l'extérieur est adossée, au pignon du nord, une tourelle à pans avec escalier qui conduit au comble.

Ces diverses dépendances de l'abbaye sont dessinées sous les numéros 3675 et 3676.

Tel est l'état actuel des ruines de Maubuisson, l'une des plus illustres abbayes de la France du moyen âge.

Nous espérons que les études admises au Salon et que complète cette notice, appelleront l'attention du gouvernement et de la Commission des Monuments Historiques sur les vénérables débris de *Notre-Dame-la-Royale*.

MM. Écorcheville et Levasseur, propriétaires actuels du domaine de Maubuisson, ont déjà, par d'utiles travaux, préservé les voûtes des salles du rez-de-chaussée d'une chute imminente. Leurs efforts méritent d'être encouragés, sinon, dans peu d'années, ce qui reste de cette Abbaye aura disparu sous l'action destructive du temps, perte à jamais regrettable pour les Arts et l'Histoire.

           HÉRARD,
           Architecte, à Paris.

www.ingramcontent.com/pod-product-compliance
Lightning Source LLC
Chambersburg PA
CBHW071449060426
42450CB00009BA/2345